Sandwich Rezepte für den Sandwichmaker

Sandwichtoaster Toast Panini Kochbuch

Low Carb Abnehmen Diät

Pia Wagner

Bibliografische Information der Deutschen Nationalbibliothek:
Die Deutsche Nationalbibliothek verzeichnet diese Publikation in der
Deutschen Nationalbibliografie; detaillierte bibliografische Daten
sind im Internet über http://dnb.dnb.de abrufbar.

1. Auflage 2019
Cover-Titelbild: © Can Stock Photo / Timolina
Copyright © 2019 Pia Wagner
Alle Rechte vorbehalten

Herstellung und Verlag: BoD – Books on Demand, Norderstedt
ISBN 9783748190769

Inhaltsverzeichnis

VORWORT

Mit einem Sandwichmaker lassen sich im Handumdrehen schnelle und unkomplizierte Snacks zubereiten.

Der praktische Küchenbegleiter zaubert raffinierte Sandwiches, die nicht nur satt machen, sondern auch perfekt sind für unterwegs.

Dieses Rezeptbuch versorgt Sie mit Klassikern und neuartigen Kreationen. Außerdem lassen sich viele Rezepte ganz einfach in ein Low Carb-Rezept umwandeln, indem das herkömmliche Toastbrot mit einem Eiweißbrot ausgetauscht wird. Wenn dies möglich war, wurden die Nährwerte doppelt angegeben, einmal für die Low Carb-Version und einmal für die traditionelle Version.

Jedes Rezept wurde für eine Person konzipiert, damit der Anteil an Kohlenhydraten pro Portion sofort ersichtlich ist. Die Zutaten können aber je nach Wunsch einfach verdoppelt oder vervierfacht werden.

Sandwichmaker Rezepte mit Fleisch/Geflügel/Fisch

Lachs-Sandwich mit Ziegenkäsecreme und Rote Bete

Pro Portion: kcal: 268.5 / Kohlenhydrate: 21.3 / Eiweiß: 17.7 / Fett: 11.7

Low Carb-Version: kcal: 280 / Kohlenhydrate: 6.5 / Eiweiß: 25.8 / Fett: 15.9

Zutaten für 1 Portion:
25 g Ziegenkäse
1/2 EL Limettensaft
1/2 EL Sahnemeerrettich
Pfeffer aus der Mühle
1/4 Bund Dill
1/4 rote Zwiebel
2 Scheiben Toastbrot (Low Carb-Version mit Eiweißbrot)
40 g Räucherlachs
40 g eingelegte Rote Bete
1 TL Kapern

Zubereitung:
Ziegenkäse glatt rühren und mit dem Limettensaft, Sahnemeerrettich und Pfeffer verrühren.

Den Dill waschen, trocken schütteln und fein hacken. Die Zwiebel schälen und in Ringe schneiden.

Beide Toastbrotscheiben mit der Ziegenkäsemischung bestreichen und auf einer Toastbrotscheibe den Räucherlachs, Dill, Rote Bete, Kapern und Zwiebelringe verteilen.

Mit der restlichen Toastbrotscheibe abdecken und im Sandwichmaker goldbraun backen.

Feuriges Frikadellen-Sandwich

Pro Portion: kcal: 618.5 / Kohlenhydrate: 33.7 / Eiweiß: 24.8 / Fett: 40.7

Zutaten für 1 Portion:
50 g Tomaten
1/2 Schalotte
1/4 rote Chilischote
1/2 EL Olivenöl
Knoblauchsalz, Pfeffer aus der Mühle
1/2 TL Ingwer, gerieben
80 g gemischtes Hackfleisch
3 EL Schmand
1 kleines Ei
1 EL Semmelbrösel
Chiliflocken
2 TL Pflanzenöl
2 Scheiben Toastbrot
2 EL Emmentaler, gerieben

Zubereitung:
Tomaten kreuzweise einritzen und mit kochendem Wasser überbrühen. Anschließend die Haut abziehen, den Strunk entfernen und in grobe Stücke schneiden.

Die Schalotte schälen und klein würfeln.

Die Chilischote waschen, längs halbieren, entkernen und klein schneiden.

Die Hälfte der Schalottenwürfel und Chili in heißem Öl andünsten. Tomatenstücke dazugeben und einkochen lassen. Mit Knoblauchsalz, Pfeffer und Ingwer würzen und fein pürieren.

Für die Frikadelle das Hackfleisch, die restlichen Schalottenwürfel, Schmand, Ei, Semmelbrösel, Chiliflocken, Knoblauchsalz und Pfeffer verkneten.

Öl in einer Pfanne erhitzen und die Frikadelle darin bei mittlerer Hitze unter Wenden ca. 10 - 15 Min. braten. Abkühlen lassen und in Scheiben schneiden.

Beide Toastbrotscheiben mit der Tomaten-Chili-Paste bestreichen und auf einer Toastbrotscheibe die Frikadellenscheiben verteilen und mit Emmentaler bestreuen.

Mit der restlichen Toastbrotscheibe abdecken und im Sandwichmaker goldbraun backen.

Puten-Paprika-Sandwich

Pro Portion: kcal: 469.6 / Kohlenhydrate: 21.6 / Eiweiß: 18.2 / Fett: 32.9

Low Carb-Version: kcal: 481.2 / Kohlenhydrate: 6.8 / Eiweiß: 26.3 / Fett: 37.1

Zutaten für 1 Portion:
1/2 kleine, rote Paprikaschote
2 EL Olivenöl
35 g Frischkäse
1/2 EL Macadamianüsse
1 Msp. edelsüßes Paprikapulver
Knoblauchsalz, Pfeffer aus der Mühle
milde Chiliflocken
20 g Putenbrust (Low Carb-Version mit Eiweißbrot)
2 Scheiben Toastbrot
1 EL Mozzarella, gerieben

Zubereitung:
Die Paprikaschote waschen, häuten und in grobe Stücke schneiden. 1,5 EL Olivenöl und Frischkäse dazugeben und mit dem Pürierstab pürieren.

Macadamianüsse und Gewürze zufügen und nochmals mit dem Pürierstab fein pürieren.

Die Putenbrust in Streifen schneiden. Restliches Öl in einer Pfanne erhitzen und darin das Fleisch auf beiden Seiten ein paar Minuten anbraten.

Beide Toastbrotscheiben mit der Paprikamischung bestreichen, auf einer Scheibe die Putenbruststreifen verteilen und mit Mozzarella bestreuen.

Mit der restlichen Toastbrotscheibe bedecken und im Sandwichmaker goldbraun backen.

Moussaka Sandwich

Pro Portion: kcal: 482.4 / Kohlenhydrate: 28.6 / Eiweiß: 21.7 / Fett: 29.7

Low Carb-Version: kcal: 493.9 / Kohlenhydrate: 13.8 / Eiweiß: 29.8 / Fett: 33.9

Zutaten für 1 Portion:
1/2 Schalotte
1 EL Olivenöl
80 g gemischtes Hackfleisch
1 Prise Zimt
frisch geriebener Muskat
2 EL Tomatenmark
Knoblauchsalz, Pfeffer aus der Mühle
50 g Aubergine
2 Scheiben Toastbrot (Low Carb-Version mit Eiweißbrot)
2 EL Parmesan, gerieben

Zubereitung:
Schalotte schälen und fein würfeln. 1/2 EL Öl in einer Pfanne erhitzen und die Schalottenwürfel darin andünsten. Hackfleisch, Zimt und Muskat dazugeben und anbraten.

Tomatenmark unterrühren und mit Knoblauchsalz und Pfeffer würzen.

Aubergine waschen, würfeln und in restlichem Olivenöl dünsten. Mit Knoblauchsalz und Pfeffer würzen und fein pürieren.

Beide Toastbrotscheiben mit dem Auberginenmus bestreichen, auf einer Scheibe die Hackfleischmischung darauf verteilen und mit Parmesan bestreuen.

Mit der restlichen Toastbrotscheibe bedecken und im Sandwichmaker goldbraun backen.

Leberkäse-Sandwich "Strammer Max"

Pro Portion: kcal: 792.6 / Kohlenhydrate: 19.9 / Eiweiß: 42.4 / Fett: 57.8

Zutaten für 1 Portion:
1 EL Senf, süß
1 TL Meerrettich aus dem Glas
1 TL Schnittlauchröllchen
2 TL Butter
1 Ei
1 Gewürzgurke
2 Scheiben Toastbrot
1 Scheibe Leberkäse (in dünnen Scheiben)

Zubereitung:
Senf, Meerrettich und Schnittlauchröllchen verrühren.

In einer Pfanne die Butter erhitzen und das Ei zu einem Spiegelei braten. Die Gewürzgurke in Scheiben schneiden.

Beide Toastbrotscheiben mit der Senfmischung bestreichen und auf einer Toastbrotscheibe den Leberkäse und das Spiegelei verteilen.

Mit der restlichen Toastbrotscheibe abdecken und im Sandwichmaker goldbraun backen.

Fruchtiges Hähnchen-Feta-Sandwich

Pro Portion: kcal: 346 / Kohlenhydrate: 21.1 / Eiweiß: 21.8 / Fett: 18.3

Low Carb-Version: kcal: 357.5 / Kohlenhydrate: 6.3 / Eiweiß: 29.9 / Fett: 22.5

Zutaten für 1 Portion:
50 g Hähnchenbrustfilet
2 TL Olivenöl
20 g Apfel
1/4 rote Zwiebel
1 EL griechischer Joghurt
30 g Feta
2 TL Mandelblättchen
1 TL Zitronensaft
Knoblauchsalz, Pfeffer aus der Mühle
2 Scheiben Toastbrot (Low Carb-Version mit Eiweißbrot)
2 Salatblätter

Zubereitung:
Das Hähnchenbrustfilet flach klopfen.

Öl in einer Pfanne erhitzen und darin das Fleisch auf beiden Seiten ca. 3 - 4 Minuten anbraten.

Den Apfel schälen, würfeln und in etwas Wasser weich dünsten.

Die Zwiebel schälen, fein würfeln und zusammen mit dem Joghurt, Feta, Mandelblättchen, Apfelwürfeln, Zitronensaft, Knoblauchsalz und Pfeffer verrühren.

Beide Toastbrotscheiben mit der Käsemischung bestreichen, auf einer Scheibe die Salatblätter und das Hähnchenbrustfilet darauf verteilen.

Mit der restlichen Toastbrotscheibe abdecken, etwas zusammendrücken und im Sandwichmaker goldbraun backen.

Sandwich Prosciutto

Pro Portion: kcal: 391.6 / Kohlenhydrate: 19.5 / Eiweiß: 26.0 / Fett: 22.1

Low Carb-Version: kcal: 403.1 / Kohlenhydrate: 4.7 / Eiweiß: 34.1 / Fett: 26.3

Zutaten für 1 Portion:
1 Kirschtomate
2 Scheiben Parmaschinken
1 kleine rote Zwiebel
100 g Mozzarella
2 Scheiben Toastbrot (Low Carb-Version mit Eiweißbrot)
1 EL Tomaten-Pesto
Salz, Pfeffer aus der Mühle
1/2 TL Oregano, getrocknet

Zubereitung:
Die Tomate waschen und in Scheiben schneiden. Schinken in Streifen schneiden.

Die Zwiebel schälen und in Ringe schneiden. Mozzarella abtropfen lassen und in Scheiben schneiden.

Eine Scheibe Toastbrot mit Tomaten-Pesto bestreichen und mit Salz, Pfeffer und Oregano bestreuen. Mit Tomatenscheiben, Zwiebelringen, Schinkenstreifen und Mozzarella belegen.

Mit einer Toastbrotscheibe abdecken, etwas zusammendrücken und im Sandwichmaker goldbraun backen.

Currywurst-Sandwich

Pro Portion: kcal: 721.5 / Kohlenhydrate: 44.5 / Eiweiß: 24.0 / Fett: 47.4

Zutaten für 1 Portion:
2 TL Rapsöl
1 Bratwurst
60 g passierte Tomaten
25 g Tomatenketchup
1 EL Balsamico Essig
1 EL Honig
Salz, Cayennepfeffer
1/2 TL mittelscharfes Currypulver
2 Scheiben Toastbrot
2 Salatblätter
1 TL Röstzwiebeln

Zubereitung:
Öl in einer Pfanne erhitzen und die Bratwurst darin goldbraun braten. Herausnehmen und in Scheiben schneiden.

Tomaten und Tomatenketchup in einem Topf unter Rühren aufkochen. Mit Essig, Honig, Salz, Cayennepfeffer und Currypulver abschmecken.

Beide Toastbrotscheiben mit der Tomatenmischung bestreichen und auf einer Toastbrotscheibe die Salatblätter, Wurstscheiben und Röstzwiebeln verteilen.

Mit der restlichen Toastbrotscheibe abdecken und im Sandwichmaker goldbraun backen.

Bratkartoffel-Speck-Sandwich mit Eiercreme

Pro Portion: kcal: 491.4 / Kohlenhydrate: 47.5 / Eiweiß: 22.2 / Fett: 22.1

Zutaten für 1 Portion:
1/8 Bund Schnittlauch
2 kleine Eier, hart gekocht
20 g Schmand
20 g Frischkäse
Salz, Pfeffer aus der Mühle
2 kleine Kartoffeln
1/2 Schalotte
1 EL Speckwürfel
2 TL Butterschmalz
1 Prise Kümmel, gemahlen
1 Prise Majoran
2 Scheiben Toastbrot

Zubereitung:
Den Schnittlauch waschen, trocken schütteln und fein hacken.

Die fein gehackten Eier mit Schmand, Frischkäse und Schnittlauch verrühren. Mit Salz und Pfeffer würzen.

Die Kartoffeln waschen, in kochendem Salzwasser garen, abgießen pellen und in Scheiben schneiden. Die Schalotte schälen und in dünne Ringe schneiden.

Die Speckwürfel in heißem Fett anbraten, die Kartoffeln dazugeben und auf beiden Seiten braten. Die Schalotten dazugeben und mitbraten. Mit Kümmel und Majoran würzen.

Beide Toastbrotscheiben mit der Eiercreme bestreichen und auf einer Scheibe die Bratkartoffelmischung verteilen.

Mit der restlichen Toastbrotscheibe abdecken und im Sandwichmaker goldbraun backen.

Hotdog-Sandwich

Pro Portion: kcal: 519.9 / Kohlenhydrate: 21.7 / Eiweiß: 23.8 / Fett: 35.9

Low Carb-Version: kcal: 531.4 / Kohlenhydrate: 6.9 / Eiweiß: 31.8 / Fett: 40.1

Zutaten für 1 Portion:
25 g Frischkäse
25 g Schmand
1/2 EL Senf
1 Spritzer Zitronensaft
1 TL Schnittlauch
Salz, Pfeffer aus der Mühle
1 Hotdog-Würstchen
2 Scheiben Toastbrot (Low Carb-Version mit Eiweißbrot)
2 TL Röstzwiebeln
1 EL Cheddar, gerieben

Zubereitung:
Frischkäse, Schmand, Senf, Zitronensaft und Schnittlauch verrühren und mit Salz und Pfeffer würzen. Würstchen in Scheiben schneiden und unterrühren.

Beide Toastbrotscheiben mit der Wurstmischung bestreichen, auf einer Scheibe die Röstzwiebeln verteilen und mit Cheddar bestreuen.

Mit der restlichen Toastbrotscheibe bedecken und im Sandwichmaker goldbraun backen.

Sandwichmaker Rezepte vegetarisch

Papaya-Hüttenkäse-Sandwich

Pro Portion: kcal: 214.6 / Kohlenhydrate: 19.5 / Eiweiß: 7.8 / Fett: 11.0

Low Carb-Version: kcal: 226.1 / Kohlenhydrate: 4.7 / Eiweiß: 15.9 / Fett: 15.2

Zutaten für 1 Portion:
40 g Papaya
20 g Hüttenkäse
1 TL Milch
1 Msp. Senf
Salz, Pfeffer aus der Mühle
1 Prise Kreuzkümmel
1 Msp. frischer Koriander
1 EL Walnüsse
1/2 TL Öl
2 Scheiben Toastbrot (Low Carb-Version mit Eiweißbrot)

Zubereitung:
Die Papaya entkernen und das Fruchtfleisch mit einer Gabel zerdrücken. Hüttenkäse, Milch, Senf, Gewürze und die zerdrückte Papaya dazugeben und verrühren.

Die Walnüsse grob hacken. Öl in einer Pfanne erhitzen und die Walnüsse darin kurz rösten.

Beide Toastbrotscheiben mit der Papayamischung bestreichen, auf einer Scheibe die Walnüsse verteilen.

Mit der restlichen Toastbrotscheibe bedecken und im Sandwichmaker goldbraun backen.

Sandwich mit Spargel-Honigmelone-Creme

Pro Portion: kcal: 218.6 / Kohlenhydrate: 22.6 / Eiweiß: 5.8 / Fett: 11

Zutaten für 1 Portion:
35 g weißer Spargel
15 g Kartoffeln
Salz
25 g Crème fraîche
Pfeffer aus der Mühle
1 Prise Kerbel
2 EL Honigmelone
1 TL Mandeln, gehackt
2 Scheiben Toastbrot

Zubereitung:
Spargel und Kartoffeln schälen, die Enden des Spargels abschneiden und das Gemüse in Stücke schneiden. In Salzwasser weich garen, abgießen und abtropfen lassen.

Crème fraîche und das Gemüse im Mixer fein pürieren und mit Salz, Pfeffer und Kerbel abschmecken.

Das Fruchtfleisch der Honigmelone fein würfeln, mit den Mandeln kurz andünsten und unter die Gemüsecreme rühren.

Eine Scheibe Toastbrot mit der Creme bestreichen und mit einer Toastbrotscheibe bedecken.

Im Sandwichmaker goldbraun backen.

Mozzarella-Sandwich mit Nuss-Basilikum-Pesto

Pro Portion: kcal: 506.7 / Kohlenhydrate: 18.9 / Eiweiß: 18.8 / Fett: 37.8

Low Carb-Version: kcal: 518.2 / Kohlenhydrate: 4.1 / Eiweiß: 26.9 / Fett: 42

Zutaten für 1 Portion:
1/2 EL Walnüsse
1/2 EL Pinienkerne
1/2 Bund Basilikum
12 g Pecorino, gerieben
1/4 Knoblauchzehe
20 ml Olivenöl
Salz, Pfeffer aus der Mühle
1 kleine Tomate
2 Scheiben Toastbrot (Low Carb-Version mit Eiweißbrot)
50 g Mozzarella, in Scheiben geschnitten

Zubereitung:
Walnüsse und Pinienkerne in einer Pfanne ohne Fett unter Wenden rösten und abkühlen lassen.

Basilikum waschen, trocken tupfen, Basilikumblättchen abzupfen und grob hacken.

Nüsse, Basilikum, Pecorino, geschälte Knoblauchzehe und Olivenöl in einem Mixer fein pürieren. Mit Salz und Pfeffer würzen.

Die Tomate, waschen, putzen und in Scheiben schneiden.

Beide Toastbrotscheiben mit dem Nuss-Basilikum-Pesto bestreichen und auf einer Scheibe die Mozzarellascheiben verteilen.

Mit der restlichen Toastbrotscheibe abdecken und im Sandwichmaker goldbraun backen.

Avocado-Cheddar-Sandwich

Pro Portion: kcal: 674.2 / Kohlenhydrate: 27.6 / Eiweiß: 18.8 / Fett: 52

Low Carb-Version: kcal: 685.7 / Kohlenhydrate: 12.8 / Eiweiß: 26.9 / Fett: 56.2

Zutaten für 1 Portion:
1/2 Bund Basilikum
2 Stängel Bärlauch
1/4 Knoblauchzehe
2 EL Olivenöl
1/4 TL Ingwer, gerieben
1 Prise Chilisalz
1/2 Avocado
2 Scheiben Toastbrot (Low Carb-Version mit Eiweißbrot)
50 g Cheddar, gerieben

Zubereitung:
Basilikum waschen, trocken tupfen und die Basilikumblättchen abzupfen. Bärlauch waschen und trocken tupfen.

Basilikum, Bärlauch, Knoblauchzehe, Öl, Ingwer und Chilisalz mit dem Stabmixer pürieren.

Avocado schälen, entkernen und in Scheiben schneiden.

Beide Toastbrotscheiben mit der Kräuterpaste bestreichen und auf einer Scheibe die Avocadoscheiben und den Cheddar verteilen.

Mit der restlichen Toastbrotscheibe abdecken und im Sandwichmaker goldbraun backen.

Mac and Cheese-Sandwich mit Zwiebelcreme

Pro Portion: kcal: 434.3 / Kohlenhydrate: 33.3 / Eiweiß: 21.3 / Fett: 22.6

Zutaten für 1 Portion:
60 ml Milch
40 g Makkaroni (oder andere kleine Nudeln z.B. Hörnchen)
30 g Cheddarkäse
Pfeffer aus der Mühle
mildes Chilipulver
1/2 rote Zwiebel
30 g Frischkäse
1 EL Schmand
1/2 EL Schnittlauchröllchen
Salz
2 Scheiben Toastbrot

Zubereitung:
Die Milch in einem Topf zum Kochen bringen.

Die Makkaroni dazugeben und solange unter Rühren köcheln lassen, bis die Nudeln weich sind.

Den Topf vom Herd nehmen und den Cheddarkäse unter Rühren schmelzen lassen. Mit Pfeffer und Chilipulver würzen.

Die Zwiebel schälen, fein hacken und mit dem Frischkäse, Schmand, Schnittlauchröllchen und Salz cremig verrühren.

Beide Toastbrotscheiben mit der Zwiebelcreme bestreichen und auf einer Scheibe die Nudelmischung verteilen.

Mit der restlichen Toastbrotscheibe abdecken und im Sandwichmaker goldbraun backen.

Rahmchampignons-Sandwich

Pro Portion: kcal: 266.3 / Kohlenhydrate: 18.6 / Eiweiß: 10.2 / Fett: 15.9

Low Carb-Version: kcal: 277.8 / Kohlenhydrate: 3.8 / Eiweiß: 18.3 / Fett: 20.1

Zutaten für 1 Portion:
30 g braune Champignons
1/4 Schalotte
1/2 EL Öl
1/2 TL frischer Thymian, gehackt
1 Prise Muskat
Knoblauchsalz, Pfeffer aus der Mühle
2 EL Schmand
2 Scheiben Toastbrot (Low Carb-Version mit Eiweißbrot)
2 EL Gouda, gerieben

Zubereitung:
Die Champignons putzen und in Streifen schneiden.

Die Schalotte schälen und in feine Würfel schneiden.

Öl in einer Pfanne erhitzen und die Pilze darin unter Wenden anbraten. Die Schalottenwürfel, Thymian und Muskat unterrühren und mitbraten, bis die Flüssigkeit verdampft ist. Mit Knoblauchsalz und Pfeffer würzen.

Schmand unterrühren und kurz auf niedriger Hitze köcheln lassen.

Beide Toastbrotscheiben mit den Rahmchampignons bestreichen und auf einer Toastbrotscheibe den Gouda verteilen.

Mit der restlichen Toastbrotscheibe abdecken und im Sandwichmaker goldbraun backen.

Exotisches Zucchini-Kokos-Sandwich

Pro Portion: kcal: 374.5 / Kohlenhydrate: 25 / Eiweiß: 7.9 / Fett: 25.8

Low Carb-Version: kcal: 386 / Kohlenhydrate: 10.2 / Eiweiß: 16 / Fett: 30

Zutaten für 1 Portion:
1/4 Stange Zitronengras
30 ml Kokosmilch (ohne Zuckerzusatz)
1 Msp. gemahlener Ingwer
Salz, weißer Pfeffer aus der Mühle
20 g Kokosflocken
10 g Mandeln, gemahlen
40 g Zucchini
2 Scheiben Toastbrot (Low Carb-Version mit Eiweißbrot)

Zubereitung:
Das Zitronengras waschen, putzen, grob hacken und mit der Kokosmilch zum Kochen bringen. Bei schwacher Hitze ca. 5 Minuten ziehen lassen und durch ein feines Sieb gießen.

Mit Ingwer, Salz und Pfeffer abschmecken. Die Kokosflocken und die Mandeln dazugeben und gut verrühren.

Die Zucchini waschen, putzen und in feine Scheiben schneiden.

Beide Toastbrotscheiben mit der Kokosmischung bestreichen, auf einer Scheibe die Zucchinischeiben verteilen.

Mit der restlichen Toastbrotscheibe bedecken und im Sandwichmaker goldbraun backen.

Kürbis-Ricotta-Sandwich

Pro Portion: kcal: 436 / Kohlenhydrate: 26.7 / Eiweiß: 12.3 / Fett: 29.7

Low Carb-Version: kcal: 447.6 / Kohlenhydrate: 11.9 / Eiweiß: 20.4 / Fett: 33.9

Zutaten für 1 Portion:
1/8 rote Zwiebel
1 TL Öl
40 g Hokkaido Kürbis
Salz, Cayennepfeffer
1 Prise Muskat
2 Stängel Basilikum
20 g Butter
30 g Ricotta
1 Ei
2 Scheiben Toastbrot (Low Carb-Version mit Eiweißbrot)
1 EL getrocknete Tomaten

Zubereitung:
Die Zwiebel schälen, fein hacken und in heißem Öl andünsten. Den Hokkaido Kürbis entkernen, das gewürfelte Fruchtfleisch dazugeben und mit etwas Wasser weich dünsten. Mit Salz, Cayennepfeffer und Muskat würzen.

Basilikum waschen, trocken tupfen, Basilikumblättchen abzupfen und grob hacken.

Die Butter cremig verrühren. Ricotta, Ei, Basilikum und die Kürbiswürfel dazugeben und unterrühren.

Beide Toastbrotscheiben mit der Kürbis-Ricotta-Masse bestreichen und auf einer Toastbrotscheibe die getrockneten Tomaten verteilen.

Mit der restlichen Toastbrotscheibe abdecken und im Sandwichmaker goldbraun backen.

Toskana-Sandwich

Pro Portion: kcal: 395.5 / Kohlenhydrate: 20.5 / Eiweiß: 14.9 / Fett: 26.9

Low Carb-Version: kcal: 407 / Kohlenhydrate: 5.7 / Eiweiß: 23 / Fett: 31.1

Zutaten für 1 Portion:
35 g Crème fraîche
20 g Parmesan, gerieben
1/2 EL Limettensaft
1/4 Knoblauchzehe
1 EL schwarze Oliven, entsteint
1 Prise Oregano, Rosmarin & Thymian
Salz, Pfeffer aus der Mühle
1 Kirschtomate
1 EL Pinienkerne
2 Scheiben Toastbrot (Low Carb-Version mit Eiweißbrot)

Zubereitung:
Crème fraîche, Parmesan und Limettensaft verrühren. Die geschälte Knoblauchzehe dazupressen. Die Oliven in Scheiben schneiden, dazugeben und verrühren. Oregano, Rosmarin & Thymian untermischen. Mit Salz und Pfeffer abschmecken.

Die Kirschtomate waschen, putzen, klein würfeln und unterrühren. Die Pinienkerne in einer Pfanne ohne Fett goldgelb rösten und abkühlen lassen.

Beide Toastbrotscheiben mit der Olivenmischung bestreichen und auf einer Toastbrotscheibe die Pinienkerne verteilen.

Mit der restlichen Toastbrotscheibe abdecken und im Sandwichmaker goldbraun backen.

Brokkoli-Gouda-Sandwich

Pro Portion: kcal: 225.5 / Kohlenhydrate: 20.2 / Eiweiß: 8.7 / Fett: 11.5

Low Carb-Version: kcal: 237 / Kohlenhydrate: 5.4 / Eiweiß: 16.8 / Fett: 15.7

Zutaten für 1 Portion:
40 g Brokkoli
20 g Crème fraîche
1/4 Knoblauchzehe
Salz, Pfeffer aus der Mühle
1 Prise Muskat
milde Chiliflocken
1/2 EL Kresse
2 Scheiben Toastbrot (Low Carb-Version mit Eiweißbrot)
1 EL getrocknete Tomaten
1 EL Gouda, gerieben

Zubereitung:
Den Brokkoli putzen, in kleine Röschen teilen und in kochendem Salzwasser weich garen.

Brokkoli und Crème fraîche mit einem Pürierstab pürieren, geschälte Knoblauchzehe dazupressen, mit Salz, Pfeffer, Muskat und Chiliflocken abschmecken.

Die Kresse waschen, trocken schütteln, vom Beet schneiden und unterrühren.

Beide Toastbrotscheiben mit der Brokkolimischung bestreichen, auf einer Scheibe die Tomaten verteilen und mit Gouda bestreuen.

Mit der restlichen Toastbrotscheibe bedecken und im Sandwichmaker goldbraun backen.

Sandwichmaker Rezepte Desserts

Tiramisu-Sandwich

Pro Portion: kcal: 502.8 / Kohlenhydrate: 33.4 / Eiweiß: 11.6 / Fett: 34.2

Zutaten für 1 Portion:
1/2 TL lösliches Kaffeepulver
1 Ei (frisch)
60 g Mascarpone
1 EL Zucker
Mark einer Vanilleschote
1 Prise Zimt
2 Scheiben Toastbrot
1/2 EL Kakaopulver

Zubereitung:
Kaffeepulver in 1 EL heißem Wasser auflösen und abkühlen lassen.

Das Ei trennen. Mascarpone, Zucker, Mark der Vanilleschote, Zimt und das Eigelb verrühren, bis eine cremige Masse entsteht. Das Eiweiß steif schlagen und vorsichtig unter die Mascarpone-Mischung heben.

Eine Toastbrotscheibe mit der Creme bestreichen und die restliche Toastbrotscheibe daraufsetzen.

Im Sandwichmaker goldbraun backen, etwas abkühlen lassen und das Kakaopulver darübersieben.

Honig-Apfel-Zimt-Sandwich

Pro Portion: kcal: 249.3 / Kohlenhydrate: 24.7 / Eiweiß: 4.7 / Fett: 13.9

Zutaten für 1 Portion:
40 g Crème fraîche
1 TL Honig
1/2 TL Vanillezucker
1 Prise Zimt
1/4 Apfel
1/4 TL Abrieb einer unbehandelten Orange
2 Scheiben Toastbrot

Zubereitung:
Die Crème fraîche glatt verrühren. Honig, Vanillezucker und Zimt unterrühren.

Den Apfel schälen, entkernen, in sehr dünne Scheiben schneiden und mit dem Orangenabrieb bestreuen.

Beide Toastbrotscheiben mit der Crème fraîche-Mischung bestreichen und auf einer Toastbrotscheibe die Apfelscheiben verteilen.

Mit der restlichen Toastbrotscheibe abdecken und im Sandwichmaker goldbraun backen.

Birnen-Topfenstrudel-Sandwich

Pro Portion: kcal: 280 / Kohlenhydrate: 34 / Eiweiß: 12.8 / Fett: 9.5

Zutaten für 1 Portion:
2 TL Rosinen
1 TL Apfelsaft
50 g Topfen (Quark 20% Fett)
1/2 EL Zucker
1 Ei
Mark einer halben Vanilleschote
1/4 Birne
2 TL Zitronensaft
2 Scheiben Toastbrot

Zubereitung:
Rosinen in Apfelsaft einweichen.

Quark mit Zucker, Ei, Mark der Vanilleschote verrühren. Die Rosinen mit Apfelsaft unterrühren.

Die Birne schälen, entkernen und in sehr dünne Scheiben schneiden. Mit dem Zitronensaft vermischen.

Beide Toastbrotscheiben mit der Quark-Mischung bestreichen und auf einer Toastbrotscheibe die Birnenscheiben verteilen.

Mit der restlichen Toastbrotscheibe abdecken und im Sandwichmaker goldbraun backen.

Nuss-Nougat-Bananen-Sandwich

Pro Portion: kcal: 552.1 / Kohlenhydrate: 33.2 / Eiweiß: 10.9 / Fett: 39.9

Zutaten für 1 Portion:
50 g Haselnüsse
2 TL Kokosöl
Mark 1/2 Vanilleschote
1/2 EL Kakaopulver, schwach entölt
2 TL Honig
1 Prise Zimt
1 Msp. Abrieb einer unbehandelten Orange
1/4 Banane
2 Scheiben Toastbrot

Zubereitung:
Die Haselnüsse in einer Pfanne ohne Fett bei mittlerer Hitze unter Wenden rösten, bis sie duften.

Die abgekühlten Nüsse in einem Mixer zerkleinern. Kokosöl, Mark der Vanilleschote, Kakaopulver und Honig dazugeben und fein pürieren. Mit Zimt und Orangenabrieb abschmecken.

Die Banane in dünne Scheiben schneiden.

Beide Toastbrotscheiben mit der Nuss-Mischung bestreichen und auf einer Toastbrotscheibe die Bananenscheiben verteilen.

Mit der restlichen Toastbrotscheibe abdecken und im Sandwichmaker goldbraun backen.

Schoko-Karamell-Sandwich mit gerösteten Erdnüssen

Pro Portion: kcal: 619.5 / Kohlenhydrate: 44.8 / Eiweiß: 8.4 / Fett: 43.2

Zutaten für 1 Portion:
6 TL Zucker
3 TL Butter
9 TL Sahne
Mark 1/2 Vanilleschote
15 g Vollmilch-Kuvertüre
1 Prise Zimt
20 g Butter, weich
1 EL Erdnüsse
2 Scheiben Toastbrot

Zubereitung:
Zucker in einem Topf bei niedriger Hitze langsam erhitzen.

Sobald der Zucker geschmolzen ist und anfängt zu karamellisieren, sofort die Butter unter Rühren zufügen. Vorsichtig 6 TL Sahne unterrühren und solange köcheln lassen, bis eine glatte Creme entsteht. Das Mark der Vanilleschote unterrühren.

Die Karamellcreme in ein steriles Glas füllen, verschließen und in den Kühlschrank stellen. (Im kalten Zustand wird sie cremig)

Die Kuvertüre in einem Wasserbad auflösen, Zimt und die restliche Sahne dazugeben und gründlich verrühren.

Die Butter mit einem Handrührgerät cremig verrühren, die Schokocreme und die Hälfte der Karamellcreme unterrühren.

Die Erdnüsse in einer Pfanne ohne Fett rösten, abkühlen lassen und fein hacken.

Beide Toastbrotscheiben mit dem Schoko-Karamell bestreichen und auf einer Toastbrotscheibe die Erdnüsse verteilen.

Mit der restlichen Toastbrotscheibe abdecken und im Sandwichmaker goldbraun backen.

Disclaimer

Die Inhalte dieses Buches wurden mit größter Sorgfalt erstellt. Eine Haftung für Personen-, Sach- und Vermögensschäden ist ausgeschlossen. Für die Richtigkeit, Vollständigkeit und Aktualität der Inhalte können wir jedoch keine Gewähr übernehmen. Dieses Buch enthält Links zu externen Webseiten Dritter, auf deren Inhalte wir keinen Einfluss haben. Deshalb können wir für diese fremden Inhalte auch keine Gewähr übernehmen. Für die Inhalte der verlinkten Seiten ist stets der jeweilige Anbieter oder Betreiber der Seiten verantwortlich. Die verlinkten Seiten wurden zum Zeitpunkt der Verlinkung auf mögliche Rechtsverstöße überprüft. Rechtswidrige Inhalte waren zum Zeitpunkt der Verlinkung nicht erkennbar. Eine permanente inhaltliche Kontrolle der verlinkten Seiten ist jedoch ohne konkrete Anhaltspunkte einer Rechtsverletzung nicht zumutbar. Bei Bekanntwerden von Rechtsverletzungen werden wir derartige Links umgehend entfernen.

Urheberrecht/Leistungsschutzrecht

Die veröffentlichten Inhalte, Werke und bereitgestellten Informationen unterliegen dem deutschen Urheberrecht und Leistungsschutzrecht. Jede Art der Vervielfältigung, Bearbeitung, Verbreitung, Einspeicherung und jede Art der Verwertung außerhalb der Grenzen des Urheberrechts bedarf der vorherigen schriftlichen Zustimmung des jeweiligen Rechteinhabers. Das unerlaubte Kopieren/Speichern der bereitgestellten Informationen auf diesen Seiten ist nicht gestattet und strafbar.